24

8

24 überraschende Projekte & Infos für Gartenladys & Pflanzenfreunde

GARTEN LIEBE

15

7

EMF

EIN BUCH DER
EDITION MICHAEL FISCHER

INHALTSVERZEICHNIS

GRUNDLAGEN

PROJEKTE

PSST ...
Ab Seite 16 kannst du dich auf
Gartenwissen und kreative Projekte freuen, die
aber natürlich noch nicht verraten werden!

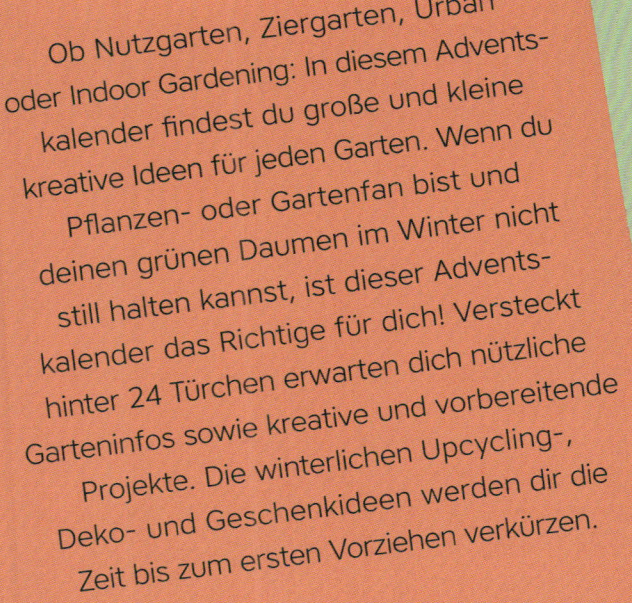

VORWORT

Ob Nutzgarten, Ziergarten, Urban oder Indoor Gardening: In diesem Adventskalender findest du große und kleine kreative Ideen für jeden Garten. Wenn du Pflanzen- oder Gartenfan bist und deinen grünen Daumen im Winter nicht still halten kannst, ist dieser Adventskalender das Richtige für dich! Versteckt hinter 24 Türchen erwarten dich nützliche Garteninfos sowie kreative und vorbereitende Projekte. Die winterlichen Upcycling-, Deko- und Geschenkideen werden dir die Zeit bis zum ersten Vorziehen verkürzen.

Viel Spaß beim Ausprobieren!

GÄRTNERN
im Winter

Der Garten kommt zur Ruhe. Auch du möchtest sicher den ein oder anderen Moment durchschnaufen und auf dein Gartenjahr zurückblicken. So entstehen neue Pläne und Ideen für die nächste Saison. Du kannst aber auch noch bestimmte Gemüsesorten anpflanzen oder ernten.

WINTERPAUSE?

Wenn die Temperaturen sinken und das Laub vergilbt, neigt sich die Saison dem Ende zu. Als Gärtner*in hat man in den kommenen Monaten aber keine Winterpause. Vor dem ersten Frost müssen die Balkonpflanzen für die Winterruhe gerüstet werden. Zunächst gilt es, die mehrjährigen Pflanzen in die Gruppen „winterhart" und „nicht winterhart" zu unterteilen. Beim wöchentlichen Kontrollgang sollten die Pflanzen und ihre Gesundheit beobachtet werden. Leichtes Gießen der Pflanzen im Winterquartier und auf der draußen verbliebenen Pflanzen ist auch in den Wintermonaten erforderlich.

PFLANZEN ÜBERWINTERN

Winterharte Pflanzen können bei Minustemperaturen draußen bleiben, für frostempfindliche Gewächse muss für die nächsten Monate ein geschützter Platz gefunden werden. Das ideale Quartier für Mehrjährige, die keinen Frost vertragen, ist hell und kühl. Temperaturen um 10 Grad sind für das Überwintern optimal. Wichtig ist, die Pflanzen vor dem Einzug ins Winterquartier auf Krankheiten zu prüfen und gegebenenfalls zu behandeln.

Winterharte Mehrjährige wie Thymian, Minze und Liebstöckel können die kalten Monate draußen verbringen. Was ihre Wurzeln nicht mögen, ist ein regelmäßiger Wechsel zwischen Einfrieren und Auftauen. Vorbeugen kann man hier, indem man die Kästen und Kübel isolierend in Noppenfolie, Sackleinen oder Vlies wickelt und nah an die Hauswand stellt. Wer mehrere kleine Töpfe hat, kann in diesem Fall auch eine Kiste mit Herbstlaub füllen und die Pflanzen darin geschützt unterbringen.

DER GARTEN IM DEZEMBER

Der Dezember ist prima geeignet für eine eingehende Bestandsaufnahme. Nimm dir etwas Zeit und säubere deine Gartengeräte. Pflanzstäbe, Schnüre oder andere Utensilien werden aus den Beeten geholt und sortiert. Dabei kannst du direkt notieren, was ersetzt werden muss. Und du kannst neue Beetpläne schmieden. Falls du während der Saison ein Gartentagebuch geführt hast, lässt sich gut nachvollziehen, welche Arten und Sorten dir viel Freude bereitet haben und was du im nächsten Jahr nicht wieder anbauen möchtest.

WAS KANN INS FRÜHBEET?

Ins Frühbeet kannst du in frostfreien Phasen von Dezember bis Februar noch **Asia-Salat** säen. Das Blattgemüse keimt bei geringen Temperaturen und wächst sehr schnell.

Ganz frühe Salatsorten für das Frühbeet sind beispielsweise die **Kopfsalate** 'Chez-Le-Bart', 'Maikönig' oder die **Romanasalate** 'Forellenschluss' und 'St. Blaise', die ab Januar gesät werden können. Zudem gibt es eine **Spinatsorte** mit dem passenden Namen 'Erste Ernte', die ab Ende Dezember geschützt angebaut werden kann.

WAS KANN INS HOCHBEET?

Im Hochbeet kann im Winter ohne Kälteschutz fast nichts gesät werden. Ist der Winter mild und hält längere, frostfreie Phasen bereit, können allerdings ab Februar frühe Sorten von **Rosenkohl** (Sorte 'Rubine'), **Möhren** (Sorte 'Amsterdam 2'), **Rettich** (Sorte 'Ostergruss Rosa'), **Lauchzwiebeln** und **Dicke Bohnen** gesät werden. Sollte es im weiteren Verlauf nochmal frostige Perioden geben, ist ein Vlies als Schutz für die zarten Jungpflanzen notwendig.

WAS KANN INS GEWÄCHSHAUS?

Das Gewächshaus nutzt du im Winter ähnlich wie das Frühbeet. Ab Februar beginnt im frostfreien Treibhaus die Anzucht von kälteunempfindlichen Jungpflanzen. Da allerdings die Nächte noch sehr eisig sind, ist die Anzucht wärmeliebender Pflanzen, wie **Artischocke, Chili** oder **Physalis** nur im beheizten Gewächshaus möglich. Besser startest du jedoch mit diesen Pflanzen im Haus und siedelst sie erst bei passenden Temperaturen ins Glashaus um.

MIT GEMÜSE
durchs Jahr

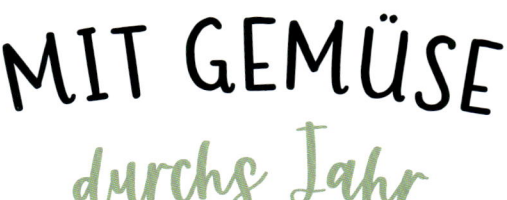

Was ist im Frühling, Sommer, Herbst und Winter
im Gemüsegarten zu tun? Hier kannst du dir im Schnelldurchlauf
einen Überblick über das ganze Gartenjahr verschaffen.

FRÜHLING

VORKULTUR AUF DER FENSTERBANK

Um den wärmebedürftigen Gemüsepflanzen einen Wachstumsvorsprung zu geben, zieht man **Tomaten, Paprika und Chili** ab Ende Februar/Anfang März auf der Fensterbank vor. Im April folgen Kürbisgewächse wie **Gurke und Zucchini**.

AUSSAAT IM FREIEN

Zahlreiche Sorten benötigen keine Vorkultur, da sie weniger Wärme für Keimung und Wachstum brauchen. Für die Direktaussaat ab März eignen sich z. B. **Radieschen, Möhren und Salate;** im April folgen **Mangold, Rote Bete und Erbsen,** bevor ab Mai **Busch- oder Stangenbohnen** gesät werden können. **Radieschen** wachsen schnell und sind schon sechs Wochen nach der Aussaat erntereif. Auch **Salate** gehören zu den „Schnellzündern", die je nach Sorte und Außentemperatur bereits nach etwa vier Wochen geerntet werden können.

ERDE AUFDÜNGEN

Pflanzen in größeren Gefäßen freuen sich über frische Erde und Dünger. Zwar musst du in den voluminöseren Gefäßen nicht jedes Jahr die komplette Erde austauschen, doch sind die Nährstoffe aus der letzten Saison nun sicher verbraucht. Mehrjährigem Gemüse wie dem hungrigen **Rhabarber** solltest du Hornspäne und Kompost unter die Erde mischen.

SOMMER

GERÜSTBAU

Tomaten, Gurken, Paprika, Aubergine und auch rankende Bohnenarten benötigen ein Gerüst, an dem sie emporklettern können. Dann bilden z. B. **Feuerbohnen** mit ihren hübschen roten Blüten und dichten Blättern einen tollen Sichtschutz.

PFLEGE

Weiße, mehlige Flecken überziehen die Blattoberseite oder Stängel und Früchte der **Zucchini**? Dann hat sich vermutlich der Echte Mehltau breitgemacht. Die betroffenen Blätter und Pflanzenteile müssen gründlich entfernt und im Müll entsorgt werden. Regelmäßiges Kontrollieren der Pflanzen hilft, Krankheiten und Schädlinge frühzeitig zu erkennen. Das Ausputzen abgestorbener Pflanzenteile im Gemüsekasten beugt Krankheiten vor und fördert das Wachstum.

ERNTEGLÜCK

Das Hegen und Pflegen wird endlich belohnt: Im Sommer ist Erntezeit im Gemüsekasten! Bei **Mangold und Pflücksalaten** wird bei der Ernte auf „Äußerlichkeiten" gesetzt: Das Herz lässt man stehen und erntet lediglich die äußeren Blätter. Die Pflanzen treiben neu aus und verwöhnen mit einer größeren, fortwährenden Ernte. **Zucchini und Gurken** kannst du dazu anregen, mehr Blüten zu produzieren, indem du die Früchte bereits früh erntest. Die jung geernteten Früchte sind außerdem fester und besser im Geschmack. Köstlich gefüllt, werden auch die essbaren Blüten der **Zucchini** zum Genuss. Im Juli sind dann **Paprika und Chili** reif: Die Schoten schneidet man mit einer Schere oder einem Messer ab, damit keine Schäden an der Pflanze entstehen.

NACHSCHLAG DURCH NACHSAAT

Jungpflanzen von **Buschbohnen oder Kohlrabi** können im Juni und Juli Lücken im Balkonkasten auffüllen. Im August kannst du **Spinat, Feldsalat oder Winterportulak** säen, um frisches Grün für die Herbsternte heranzuziehen. Säst du zusätzlich **Rucola oder Asiasalate** aus, können diese je nach Witterung in den kommenden Wintermonaten bzw. im Frühjahr geerntet werden.

HERBST

SPÄTE ERNTE

Im Spätsommer und nach den ersten Frösten ist bis Weihnachten noch Saison für **Herbstsalate, Endivien- und Zichoriensalate, Mangold, Rettiche, verschiedene Kohlsorten und Wurzelgemüse.** Bei zeitiger Aussaat können außerdem **Feldsalat, Asia-Greens und Winterportulak** geerntet werden.

HAUSPUTZ

Im Herbst wird aussortiert: Sobald **Mangold und Rote Bete** im September abgeerntet sind, kannst du die verbliebenen Pflanzenteile samt Wurzeln aus der Erde ziehen. Das Jäten aller Einjährigen nach der Ernte schafft Platz z. B. für **Wintersalate** (z. B. Feldsalat, Endivie, Winterportulak). Diese Schwachzehrer kommen in der vorhandenen Erde zurecht – es muss nicht nachgedüngt werden. Aufgrund des Nitratgehalts in **Feldsalat** ist ein Aufdüngen der Erde ohnehin nicht ratsam. Der Stickstoff im Dünger würde die Konzentration steigern. Nitrat baut sich bei Sonnenschein ab, sodass man den Salat am späten Nachmittag sorgenfrei ernten und direkt genießen kann.

SAATGUT GEWINNEN

Eigenes Saatgut kannst du z. B. von samenfesten **Paprika- oder Chilipflanzen** gewinnen. Trenne dafür die Samen im Inneren der reifen Früchte deiner Paprikapflanzen von den weißen Scheidewänden und lass sie trocknen, bevor du sie in Schraubgläser füllst und dunkel lagerst. Auch wenn dein **Salat** einen Blütentrieb gebildet hat, kannst du aus der Not eine Tugend machen: Um Saatgut von Salaten zu ernten, muss es zur Blüte kommen. Beginnt der Salat zu schießen, also einen Blütentrieb zu bilden, ist es wichtig, dass dieser regelmäßig von verwelkten Blättern befreit wird, um Fäulnis vorzubeugen. Etwa drei Wochen nach der Blüte können die Salatsamen schließlich geerntet werden. Die Salatblätter könnten zwar noch gegessen werden, schmecken aber nicht mehr gut. Dafür entschädigt die Pflanze aber mit Samen für die nächste Saison.

WINTER

KLASSISCHES WINTERGEMÜSE

Winterzeit ist Kohlzeit! Junge **Grünkohl-pflanzen** gedeihen ab Mai und sehen im Herbst hübsch aus, wenn vieles längst geerntet ist. Mit seinem ausladenden Wuchs braucht Grünkohl genug Platz und ein standfestes Gefäß. Temperaturen bis −10 °C können dem Kohl nichts anhaben. Ganz im Gegenteil: Niedrige Temperaturen steigern den Zuckergehalt in den Blättern, machen den Kohl aromatischer und weniger bitter. Für die Ernte schneidest du das Blatt am besten mit einer Schere nah am Strunk ab. Wenn du das Laub von unten nach oben erntest, sorgst du außerdem dafür, dass wieder neues Grün nachwächst.

SCHUTZ GEBEN

Spinat, Feldsalat oder Winterportulak kommen zwar auch mit Kälte zurecht, doch sollten ihre Wurzeln nicht im Wechsel einfrieren und auftauen. Bei stark schwankenden Temperaturen und Schnee solltest du daher die Erdoberfläche abdecken und die Töpfe in Vlies einpacken. Das schützt die Wurzeln, die sonst Schaden nehmen. Aus demselben Grund müssen die Töpfe von mehrjährigen winterharten Gemüsesorten wie **Blutampfer oder Rhabarber** in Noppenfolie oder Vlies eingepackt werden. An frostfreien Tagen sollten die Pflanzen nach Bedarf leicht gegossen werden.

INDOOR-SALAT

Im Sommer wächst der pikante würzige Salat draußen im Kasten; im Winter kannst du **Rucola** auf der Fensterbank ziehen und musst nicht auf sein frisches Grün verzichten. Rucola keimt bei Zimmertemperatur um 18 °C schnell: Bereits nach zehn Tagen zeigt sich erstes Grün. Dann kannst du entscheiden, ob du die jungen Sprossen kurze Zeit später erntest oder lieber abwartest, bis er ausgewachsen ist.

TRÜBSAL ADE!

So öde die Wintermonate erscheinen mögen, gibt es doch einiges, mit dem man sich die Zeit bis zum Saisonstart angenehm vertreiben kann. Bei einer Tasse Tee aus eigenen Kräutern findest du in Büchern, Magazinen oder Katalogen ganz bestimmt Inspirationen für die Pflanzenliste sowie deine Balkon- und Gartengestaltung der nächsten Saison.

ERNTEKALENDER

*Mit diesem Kalender findest du den besten Zeitraum für die Ernte.
Die Angaben gelten für ein nicht überdachtes Beet.*

GEMÜSE	Januar	Februar	März	April	Mai	Juni
Asia-Salat	■					
Aubergine						
Blumenkohl					■	■
Brokkoli						
Buschbohnen						
Endiviensalat						
Erbsen						■
Feldsalat	■	■				
Fenchel					■	
Grün- und Federkohl	■	■				
Gurken						■
Kohlrabi				■		
Kopfsalat						
Kürbis						

Betrachte diese Angaben als Richtwerte, die je nach Sorte, Witterung und klimatischen Bedingungen von dieser Tabelle abweichen können.

GEMÜSE	Juli	August	September	Oktober	November	Dezember
Asia-Salat						
Aubergine						
Blumenkohl						
Brokkoli						
Buschbohnen						
Endiviensalat						
Erbsen						
Feldsalat						
Fenchel						
Grün- und Federkohl						
Gurken						
Kohlrabi						
Kopfsalat						
Kürbis						

GEMÜSE	Januar	Februar	März	April	Mai	Juni
Lauch	■	■			■	
Mais						
Mangold				■	■	
Melonen						
Möhren, frühe				■	■	
Möhren, späte						
Paprika, Peperoni, Chili						
Pastinake						
Radieschen				■	■	
Rettich					■	
Rosenkohl	■					
Rote Bete						■
Rotkohl					■	
Rucola			■	■	■	
Sellerie						
Spinat			■	■	■	
Tomaten						
Winterportulak	■	■	■			
Wirsing						
Zucchini						■

GEMÜSE	Juli	August	September	Oktober	November	Dezember
Lauch	■	■	■	■	■	■
Mais		■	■	■		
Mangold	■	■	■	■		
Melonen		■	■			
Möhren, frühe	■	■	■			
Möhren, späte			■	■	■	
Paprika, Peperoni, Chili	■	■	■	■		
Pastinake			■	■	■	
Radieschen	■	■	■	■		
Rettich	■	■	■	■		
Rosenkohl				■	■	■
Rote Bete	■	■	■	■	■	■
Rotkohl	■	■	■	■		
Rucola	■	■			■	
Sellerie		■	■	■	■	
Spinat			■	■		
Tomaten	■	■	■			
Winterportulak				■	■	■
Wirsing				■	■	■
Zucchini	■	■	■			

UTENSILIEN-
Einmaleins

Um als Gärtner den ersten Spatenstich zu setzen, brauchst du nur ein paar handliche Werkzeuge. Kaufe dir lieber wenige und dafür gute Stücke, die dich viele Jahre begleiten werden.

GIESSKANNE

Wähle die Gießkanne mit Bedacht! Eine verzinkte Gießkanne sieht hübsch aus, ist aber vom Eigengewicht schwerer als eine aus Kunststoff. Auch sehr wichtig ist ein abnehmbarer Brausekopf. Die Blätter der Pflanzen sollten beim Gießen möglichst wenig nass werden – das gelingt ohne Aufsatz meist besser.

HANDSCHAUFEL UND GARTENSCHERE

Vor dem Kauf einer Handschaufel und Gartenschere solltest du die Verarbeitung genau prüfen. Die Blätter sollten fest mit stabilen Griffen verbunden und rostfrei sein, sonst währt die Freude daran nicht lang. Das Wichtigste an einer Gartenschere sind ihre scharfen Klingen, die sich schärfen und wechseln lassen sollten. Stumpfe Klingen quetschen mehr als dass sie schneiden, was Pflanzenteile verletzen und Pilzbefall an den Wunden begünstigen kann.

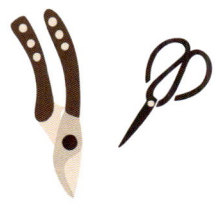

Hände sowie eine Holzkiste, um Pflanzen gesammelt von A nach B stellen zu können, erweisen sich als zusätzliche und sehr praktische Helfer.

ZUM REINIGEN

Nach der Benutzung solltest du alle deine Werkzeuge gründlich reinigen. Dabei reicht es vollkommen aus, sie mit einem Handbesen abzufegen. Hast du jedoch kranke Pflanzen geschnitten, sollten die Klingen der Schere mit Alkohol desinfiziert werden.

SPARTIPP

Für einige klassische Utensilien lassen sich kostenlose Alternativen finden: Um Sämlinge zu vereinzeln, kannst du anstelle eines Pikierstabs ein asiatisches Essstäbchen verwenden. Als Ersatz für einen Handrechen nutzt du am besten eine alte Gabel.

DIE PFLANZGEFÄSSE

Beim Aussuchen von Größe und Form der Gefäße sollten die individuellen Bedürfnisse der unterschiedlichen Pflanzen immer an erster Stelle stehen. Die Wahl der Gefäße richtet sich nach dem Wuchs, der Wurzeltiefe sowie dem Bedarf an Nährstoffen der Lieblingspflanzen. Es lohnt sich, in Kästen mit einem Wasserspeicher und größerem Fassungsvermögen zu investieren. Über den integrierten Speicher werden die Pflanzen mit Wasser versorgt, sodass du deutlich seltener gießen musst, ohne dass die Pflanzen in trockener Erde leiden.

NICE TO HAVE

Stabile Stäbe sowie ein paar Meter Schnur solltest du ebenfalls griffbereit haben, um Pflanzen mit schweren Blüten und Früchten stützen und anbinden zu können. Dazu kannst du Bambus- und Metallstäbe aus dem Baumarkt oder auch Zweige von Weide oder Haselnuss verwenden. Zeitungspapier als Unterlage für das Bepflanzen der Töpfe, ein Tuch zum Abtrocknen und Säubern der

ZITAT DES TAGES

FARBEN SIND
DAS LÄCHELN
DER NATUR
UND BLUMEN
SIND IHR
LACHEN.

– Leigh Hunt –

ZITAT DES TAGES

SPÄTE ROSEN
IM GARTEN
LASSEN DEN
WINTER NOCH
WARTEN.

– Deutsches Sprichwort –

ADVENTSKRANZ
aus Eukalyptus

Noch keinen Adventskranz im Haus?
Dieser ist schön schlicht und super schnell hergestellt. Der feine
kleinblättrige Eukalyptus passt mit seinem satten
Blattgrün wunderbar zu goldenen Kerzenhaltern aus Messing.

MATERIAL

> Gartenschere
> Grüner Bindedraht

> Seitenschneider
> Drahtreif
  (20 cm ø)

> 4 Kerzenhalter aus
  Messing
> 4 Baumkerzen

> Eukalyptus, klein-
  blättrig, 5–7 Stiele

SO GEHT'S

1 Schneide mit der Gartenschere die Seiten-verästelungen des Eukalyptus ab. Zum Binden genügen Stiellängen von 5 bis 7 cm.

2 Bündle zwei Stiele und binde sie im oberen Drittel mit dem Bindedraht an die Kranzba-sis. Lege die folgenden Stiele überlappend auf die Bindestelle und arbeite so weiter, bis der Kranz geschlossen ist. Die letzten Stiele bindest du unter den losen Enden der ersten fest.

3 Klemme nun die vier Kerzenhalter in gleich-mäßigen Abständen an den Eukalyptuskranz und stecke die vier Baumkerzen hinein.

FEUERSCHALE
aus Beton

Was gibt es romantischeres als ein kleines Lagerfeuer im Garten?
Marshmallows über dem Feuer grillen,
die Gesichter wärmen und in die Flammen schauen.

MATERIAL

> Schnell-Estrich
> Wasser
> Garteneimer
  (z. B. Flexi-Tub),
  ca. 34 cm Ø

> Speiskübel,
  ca. 48 cm Ø
> Besenstiel

> neutrales Pflanzenöl
> großer Pinsel

> größere Steine
> Baueimer

SO GEHT'S

1 Pinsele den Garteneimer von außen und den Speiskübel von innen mit einer dünnen Schicht Pflanzenöl als Trennmittel ein. Mische dann im Speiskübel nach Herstellerangabe eine größere Menge Beton an. Dafür benutzt du am besten einen Besenstiel. Achte darauf, dass keine Klümpchen oder noch trockener Estrich in dem Gemisch bleiben. Die Betonschicht sollte etwa 6 cm hoch sein.

2 Setze den Garteneimer anschließend auf den Beton in den Speiskübel und beschwere ihn mit ein paar großen Steinen.

3 Dann rührst du im Baueimer noch einmal in etwa die gleiche Menge Beton an und füllst diesen vorsichtig in den Zwischenraum der zwei Gefäße. Setze weitere Steine in den Baueimer und beschwere ihn damit. Zwischen Eimer und Kübelboden sollten sich etwa 5 cm Beton befinden. Justiere den Eimer, bis an allen Seiten gleich viel Abstand zwischen den beiden Gefäßen ist.

4 Lass den Beton aushärten. Er muss richtig trocken sein, erst dann kannst du die Feuerschale vorsichtig ausschalen.

TIPP

Für ein Lagerfeuer auf dem Balkon nimm statt Holz oder Kohle einfach Brennpaste in der Dose. Lege ein paar dicke Kieselsteine um die Dose herum, sodass sie versteckt ist – et voilà!

ZITAT DES TAGES

WAS DER
SONNENSCHEIN
FÜR DIE
BLUMEN IST,
DAS SIND
LACHENDE GESICHTER
FÜR DIE
MENSCHEN.

– Joseph Addison –

DIE RICHTIGE
Planung

Um auch auf begrenzter Fläche in einem kleinen Garten möglichst viel Gemüse anbauen zu können, kannst du deine Beete optimieren. Dazu ist eine gute Planung sinnvoll und notwendig. Diese kannst du auch schon im Winter anstellen.

PLATZBEDARF

Ein Gemüsegarten mit Hoch- und Frühbeeten muss nicht unbedingt groß sein. Bereits eine Fläche von 10 bis 20 Quadratmetern reicht aus, um verschiedene Beete zu platzieren.

MISCHEN ERLAUBT

Als Mischkultur wird die Kombination verschiedener Arten und Sorten auf einer Fläche bezeichnet. Damit sorgst du nicht nur für Artenreichtum und Abwechslung im Beet und auf dem Teller. Im Vergleich zu einer Monokultur wachsen die Pflanzen im gemischten Beet in der Regel auch gesünder und üppiger. Ein Beispiel für eine gute Mischung sind **Möhren und Zwiebeln**. Möhren wurzeln tief, Zwiebeln hingegen bilden flache Wurzeln. Sie machen sich im Boden den Platz nicht streitig. Auch das Milpa-Beet ist eine ideale Mischkultur.

KLEINWÜCHSIGE GEMÜSEARTEN

Auf den Saatguttütchen ist meistens angegeben, mit welchem Abstand die jeweilige Sorte gesät wird und welche Größe sie erreicht. Von kleinwüchsigen Arten wachsen entsprechend viele Pflanzen auf engem Raum. So kannst du in einer Reihe von einem Meter Länge etwa **30 bis 40 Radieschen**, **20 Frühlingszwiebeln** oder **20 bis 30 Erbsenpflanzen** säen. **Feldsalat, Rucola oder Pflücksalat** werden ohnehin sehr dicht gesät. Optimal ist eine Kombination aus unterschiedlich großen Arten. Kleinwüchsiges Gemüse eignet sich auch gut als Zwischen- oder Unterpflanzung, um möglichst viel auf geringer Fläche anzubauen.

RANKENDE GEMÜSEARTEN

Gurken, Melonen oder Kürbisse benötigen viel Platz. Sie bilden allerdings lange Ranken und können sehr gut an den Rand der Beete gepflanzt werden. Dadurch wachsen die Ranken aus dem Beet hinaus. Auch wenn sie im Beet selber nur wenig Platz für ihr Wurzelsystem in Anspruch nehmen, benötigen sie gute Erde und regelmäßige Düngergaben für ein üppiges Wachstum.

SCHNELLWACHSENDES GEMÜSE

Durch den Anbau schnellwachsender Arten kannst du vor oder nach der Hauptkultur zusätzlich ernten.

ARTEN MIT GROSSER ERNTEMENGE

Es gibt Gemüse, die an nur einer Pflanze so viele Früchte tragen, dass man von einer Schwemme reden kann. In einem kleinen Gemüsegarten sind diese besonders wichtig, da du deine Erntemenge oft mit nur einer oder wenigen dieser Pflanzen enorm erhöhst. Zu diesen ergiebigen Gewächsen gehören vor allem **Gurken und Zucchini**, aber auch **Bohnen, Physalis und Tomaten**. Mit Ausnahme der Bohnen benötigen die genannten Arten pro Pflanze allerdings auch recht viel Platz.

Kombinierst du über das ganze Jahr hinweg kleinwüchsige, rankende, schnellwachsende und reichtragende Arten in deinen Beeten miteinander, nutzt du vorhandene Flächen optimal aus und holst den größtmöglichen Ertrag aus deinem Gemüsegarten.

HOHE UND NIEDRIGE PFLANZEN

Während sich das Hochbeet mehr für niedrige bis mittelgroße Pflanzen eignet, ist hochwachsendes Gemüse im bodentiefen Rahmen- oder Frühbeet besser aufgehoben.

NOTIZBUCH

Notiere dir, was du wann ins Beet pflanzen willst und welches Gemüse als Nachfolger vorgesehen ist. So kannst du auch später noch gut nachvollziehen, welche Kombinationen gut funktionieren und behältst den Überblick über deine vorgezogenen Jungpflanzen. Schließlich möchte man Lücken in den Beeten möglichst über das ganze Jahr hinweg vermeiden.

ZITAT DES TAGES

DAS LEBEN
BEGINNT MIT
DEM TAG,
AN DEM MAN
EINEN GARTEN
ANLEGT.

– Aus China –

WURMKISTE
mit Weinnote

Fang doch schon im Winter an, deinen eigenen Kompost herzustellen. Selbst auf kleinstem Raum ist es möglich, Bioabfälle in hochwertigen Kompost zu verwandeln – dank fleißiger Würmer, die preiswert im Internet zu erhalten sind. Platzsparend und dekorativ ist diese Variante einer Wurmkiste, hergestellt aus einer ausrangierten Weinkiste.

MATERIAL

> Weinkiste
> Zollstock
> Winkelmaß
> Sperrholz, 1 cm dick

> Stichsäge
> Akkuschrauber
> Hasendraht, 1 m lang

> Leimholzplatte, 4 cm dick
> 30 Schrauben
> 2 Scharniere

> Bleistift
> Haushaltsschere
> 500 Kompostwürmer

SO GEHT'S

1 Nimm zunächst innen von der Weinkiste die Maße. Übertrage diese mithilfe des Winkelmaßes auf die Sperrholzplatte und säge mit der Stichsäge alle Teile aus. Lege dann den Sperrholz-Boden in die Weinkiste. Die Seitenteile müssen von innen angeschraubt werden.

2 Mit dem Hasendraht wird eine Art Trennwand errichtet. Nimm ihn doppelt und biege ihn so zurecht, dass er platziert werden kann. Falls nötig, kürze ihn mit der Haushaltsschere. Schneide aus dem restlichen Sperrholz zwei kleine Leisten heraus und befestige damit den Draht am Boden in der Mitte der Kiste.

3 Für den Deckel lege die Leimholzplatte auf die Weinkiste und zeichne mit dem Bleistift die Umrisse auf. Säge mit der Stichsäge den Deckel aus. Jetzt bring noch an einer der langen Seiten die beiden Scharniere an.

4 Nun können die Würmer einziehen. Wurden sie ohne Wurmhumus geliefert, gib ein wenig Komposterde als Basis in die Kiste. Fülle nun zuerst eine Kammer mit Bioabfällen. Ist diese voll, beginne, die andere Kammer zu füllen. Die schlauen Tierchen kriechen durch den Hasendraht hindurch zum Futter. Nach etwa drei Monaten hast du in der ersten Kammer wurmfreien Kompost.

① ② ③

INFO

Die Wurmkiste sollte möglichst schattig und vor Regen geschützt stehen. Stelle die Kiste im Winter, sobald Frost droht, in den Keller.

ZITAT DES TAGES

BLUMEN
SIND DAS
LÄCHELN
DER ERDE.

– Ralph Waldo Emerson –

6

ELEGANTER
Eukalyptus

*Eukalyptus ist mit seinem angenehm würzigen Duft
ein toller Begleiter durch die Adventszeit. In diesem DIY wird er ganz
schlicht und puristisch in Kombination mit Kerzen verarbeitet.*

MATERIAL

> *Gartenschere*
> *Papierummantelter Bindedraht, dünn*
> *Seitenschneider*
> *Eukalyptus, groß-blättrig, 1–2 Stiele*

SO GEHT'S

1 Wenn du einen stark verzweigten Eukalyptus kaufst, reicht ein Stiel für diesen Kranz vollkommen aus. Biege den Haupttrieb des Eukalyptus in Kreisform und fixiere die Enden, indem du sie mit einem Stückchen Draht zusammenbindest.

2 Binde abstehende Verästelungen ebenfalls mit zwei Umwicklungen des Papierbindedrahts an den Haupttrieb. Sehr dichte Verästelungen dünnst du am besten aus. Schneide dazu einfach störende Seitentriebe an ihrer Ansatzstelle ab.

3 Den abgeschnittenen Stiel kannst du an den noch blattlosen Teil des Kranzes binden. Auch dazu eignet sich ein Stückchen des Papierbindedrahts. Lege dann den fertigen Kranz um einen Kerzenkubus oder auf einen Teller und stelle eine Blockkerze in die Mitte. So kannst du deine Kerzen simpel, aber stilvoll in Szene setzen.

ZITAT DES TAGES

JEDES WERDEN
IN DER NATUR,
IM MENSCHEN,
IN DER LIEBE
MUSS ABWARTEN,
GEDULDIG SEIN,
BIS SEINE ZEIT
ZUM BLÜHEN
KOMMT.

– Dietrich Bonhoeffer –

7

CRASHKURS
Gewächshaus

*Im Gewächshaus gedeiht besonders wärmeliebendes Gemüse.
Die klimatischen Bedingungen sind ganz anders als im Freiland, da
Wind und Regen von den Pflanzen ferngehalten werden
und die Temperaturen konstant höher sind als draußen. Du kannst
direkt im Gartenboden oder in erhöhten Beeten gärtnern.*

WELCHES GEWÄCHSHAUS?

Vor der Anschaffung eines Gewächshauses solltest du dir ein paar Fragen stellen:

❋ Welche Art soll es sein?

❋ Wie groß darf es werden?

❋ Für welchen Zweck wird es angeschafft?

Es gibt Gewächshäuser mit Verglasung oder Hohlkammerplatten sowie mit Folie. Das Gerüst besteht aus Kunststoff, Metall oder Holz. Des Weiteren wird unterschieden zwischen freistehenden und Anlehn-Gewächshäusern, die an eine Mauer angesetzt werden. Ein freistehendes Gewächshaus kann optimal platziert und ausgerichtet werden, sodass von allen Seiten Licht an die darin wachsenden Pflanzen gelangt.

FOLIENGEWÄCHSHAUS

Einfache und in der Regel günstige Gewächshäuser haben eine Bedeckung aus Folie, die über ein Gerüst aus Metall- oder Kunststoffrohren gespannt wird. Kleinere Folienhäuser werden oft als Tomatengewächshaus angeboten und verwendet. Der Zweck ist eher kurzfristig gedacht, also zum Schutz der Pflanzen während der warmen Monate. Dabei ist von Vorteil, dass der Aufbau schnell und flexibel erfolgen kann. Im Winter bietet diese Variante aber materialbedingt kaum Vorteile. Die Folie hat kaum isolierende Eigenschaften, ist nicht langlebig und kann vergilben oder brüchig werden. Auch die Lichtdurchlässigkeit ist je nach Material nicht optimal.

GEWÄCHSHAUS AUS HOHLKAMMERPLATTEN

Sehr häufig werden als Material für Gewächshäuser sogenannte Hohlkammerplatten eingesetzt. Sie bestehen aus Polycarbonat und sind in der Regel als Doppelkammerplatten erhältlich. Hochwertigere Modelle gibt es sogar mit dreischichtigen Platten. Als isolierende Schicht befindet sich Luft zwischen den Kunststoffplatten. Je dicker und mehrschichtiger die Platten sind, desto besser ist die isolierende Eigenschaft dieser Gewächshausvariante.

GEWÄCHSHAUS AUS GLAS

Glasgewächshäuser sind neben solchen mit Hohlkammerplatten beliebt im Privatgarten. Es ist pflegeleicht und langlebig. Die edle Optik durch die transparenten Scheiben bietet einen echten Blickfang im Gemüsegarten. Oft wird ein solches Gewächshaus auch als Wintergarten mit einem gemütlichen Sitzplatz genutzt. Die klaren Scheiben bieten eine hohe Lichtdurchlässigkeit und damit den Pflanzen ganzjährig gute Verhältnisse, wenngleich die Isoliereigenschaft deutlich geringer ausfällt als bei Hohlkammerplatten. Empfehlenswert sind Scheiben aus Sicherheitsglas, damit ein Glasbruch nicht zu Verletzungen führt.

KALT ODER BEHEIZT

Als Kalthaus wird ein unbeheiztes Gewächshaus bezeichnet. Im Winter kann es demnach auch passieren, dass der Boden im Gewächshaus gefriert, auch wenn die Temperaturen durch die Bauweise höher bleiben als im Freien. Dem kann man entgegenwirken, indem eine Heizung eingebaut wird. Es gibt sowohl strom- und solarbetriebene Heizungen, als auch welche, die mit Gas oder Petroleum funktionieren. In diesem Fall spricht man von einem beheizten Gewächshaus, das neben frühen Anzuchten wärmeliebender Pflanzen auch das Überwintern von frostempfindlichen Pflanzen ermöglicht. Wenngleich dies natürlich mit einem hohen Energieverbrauch einhergeht.

ZITAT DES TAGES

DER TOPF
SELBST
WÄHLT SICH
DAS GEMÜSE.

– Gaius Valerius Catull –

8

BLUMENTOPF
aus Beton

Wie wäre es mit einem Weihnachtsstern zu Nikolaus oder Weihnachten? Und gleich dazu ein selbst gemachter Übertopf aus Beton!

MATERIAL

> Gießformen, klein und groß
> Handschuhe
> Schüssel zum Anrühren

> Spachtel
> Pinsel
> Schleifpapier
> Betonpulver, Bastelbeton

> Öl auf pflanzlicher Basis
> Wasser

> kleine und große Steine zum Beschweren
> Farbe zum Verzieren

SO GEHT'S

1 Suche dir zwei Gießformen aus – eine große und eine kleine Form. Der Beton wird später in den Zwischenraum gefüllt. Die kleine Form beschreibt den Innenraum deines Übertopfes, also das Volumen, das später von dem Wurzelballen der Pflanze ausgefüllt werden soll. Das Material sollte nicht zu starr sein, sodass sich der feste Beton später wieder gut herauslösen lässt.

2 Ziehe dir jetzt die Handschuhe an. Rühre den Beton entsprechend der Anleitung auf der jeweiligen Verpackung mit Wasser an. Du brauchst so viel von der Mischung, dass der größere deiner Formbehälter mindestens zur Hälfte mit Beton gefüllt ist. Lass den Beton dann einen Moment stehen.

3 Streiche währenddessen mit Pinsel und Öl deine Gießformen ein: Die äußere Gießform musst du nur innen auspinseln, die innere Form nur von außen.

4 Fülle die Betonmischung mit dem Spachtel in deine große Gießform, sodass sie maximal bis zu zwei Dritteln gefüllt ist. Klopfe mit der Form mehrmals leicht auf den Tisch, um die Luft entweichen zu lassen und den Beton gleichmäßig zu verteilen. Drücke dann die kleine Form mittig in die Betonmasse hinein. Sie muss etwas Abstand zur äußeren Form haben, damit der Boden des Topfes nicht zu dünn wird. Achte zudem auf einen gleichmäßigen Abstand zu den Seitenwänden. Falls die kleine Form zu leicht ist, befülle sie mit den Steinen. Nun muss dein Beton aushärten. Das kann zwei bis fünf Tage dauern.

5 Wenn der Beton trocken ist, kannst du die kleinere Form vorsichtig aus der Vertiefung lösen. Drehe dann die größere Form vorsichtig um und löse auch deinen restlichen Betontopf. Das Rohgebilde deines selbstgemachten Übertopfes aus Beton ist somit schon mal fertig! Kleine Unebenheiten auf der Oberfläche kannst du noch mit Schleifpapier ausbessern. Wenn du Lust hast, kannst du dein Betongefäß noch mit Farbe verzieren. Viel Spaß beim kreativsein!

TIPP

Beim Aushärtenlassen ist Geduld gefragt. Stelle den Beton dafür an einen normal temperierten Ort und nicht etwa direkt auf die Heizung – da könnte es zwar schneller gehen, der Beton droht, durch die hohe Temperatur aber auch zu brechen.

ZITAT DES TAGES

WENN DU
EINEN GARTEN
UND EINE
BIBLIOTHEK
HAST, WIRD
ES DIR AN
NICHTS
FEHLEN.

– Markus Tillius Cicero –

9

VON BODEN
und Nährstoffen

*Die Basis für einen gesunden und ertragreichen Gemüsegarten
sind ein guter Boden und genügend Nährstoffe.
Gemüse in alter Erde oder ausgelaugtem Gartenboden wachsen
schlechter und sind anfällig für Krankheiten.*

QUALITÄTSVOLLE ERDE

Ein guter Boden ist die Substanz für gesundes Pflanzenwachstum. Gerade im Gemüsegarten ist nährstoffreiche Erde essentiell. Mutterboden sollte immer gründlich und tief gelockert werden, sodass die Pflanzen ein dichtes Wurzelgeflecht bilden können und keine Staunässe entsteht. Gleichzeitig sollte das Substrat eine hohe Wasserspeicherkapazität haben, was beispielsweise bei sandigen Böden nicht der Fall ist. Du erkennst gute Erde an einer feinkrümeligen und gleichmäßigen Struktur sowie dem Duft von frischem Waldboden. Pferdemist und Kompost sind nährstoffreich und werden im Gemüsegarten sehr gerne beigemischt. Erde mit Torf solltest du hingegen vermeiden. Durch den Torfabbau werden Moore zerstört und damit eines der artenreichsten Ökosysteme. Verwende daher lieber Erden, deren Torfanteil durch Rindenhumus, Kompost, Kokos- oder Holzfasern ersetzt wird.

DEN BODEN MULCHEN

Beim regelmäßigen Pflanzenschnitt oder Rasenmähen fällt jede Menge organisches Material an. Das kannst du wunderbar zum Mulchen der Beete verwenden. Das kleingeschnittene Pflanzenmaterial verteilst du ganz einfach locker auf dem Boden rings um die Pflanzen. Es zersetzt sich mit der Zeit, wodurch wiederum Nährstoffe in den Boden gelangen. Die Bodenbedeckung verhindert zudem ein zu schnelles Austrocknen des Bodens und hemmt Unkrautwuchs.

RICHTIG DÜNGEN

Dünger alleine macht noch keinen Erntekorb voll. Es kommt auf das richtige Zusammenspiel von Bodenbearbeitung, Nährstoffgaben und Pflanzung an. Grundsätzlich unterscheidet man zwischen mineralischen und organischen Düngern. **Mineralische Dünger** sind zumeist in chemischen Prozessen hergestellte Nährsalze, die dazu dienen, dem Boden die benötigten Mineralstoffe zuzuführen. Ein Beispiel dafür ist Gartenkalk, der eingesetzt wird, wenn der Boden zu sauer ist. **Organische Dünger** sind pflanzlichen oder tierischen Ursprungs wie Hornspäne, Guano, Schafswolle oder Vinasse (entzuckerte Rübenmelasse).

N-P-K

Bei Handelsprodukten wirst du oft die Bezeichnung N-P-K finden. Dies steht für Stickstoff (N), Phosphor (P) und Kalium (K). Sie sind die drei Hauptnährelemente unserer Pflanzen. **Stickstoff** fördert das vegetative Wachstum und **Phosphor** wird für die Blüten- und Fruchtbildung benötigt. **Kalium** stärkt die Zellstruktur und reguliert den Wasserhaushalt, macht die Pflanzen also robuster gegen Krankheiten, Schädlinge sowie gegen Frost.

DIREKT- UND LANGZEITDÜNGER

Flüssigdünger entfaltet seine gewünschte Wirkung sofort, da die Pflanzen über das Wasser die Nährstoffe direkt aufnehmen, er wirkt aber häufig nicht so lange. Dünge deine Pflanzen alle ein bis zwei Wochen mit einem in Wasser verdünnten Flüssigdünger. Bei frischer Pflanzenerde musst du erst nach vier bis sechs Wochen selber düngen, da sie schon vorgedüngt sind. Starkzehrer mit hohem Nährstoffbedarf, wie Gurken oder Kohl, benötigen mehr Dünger als Schwachzehrer mit geringem Nährstoffbedarf, wie Salat oder Spinat.

Bei **festen organischen Düngern** erfolgt eine Zersetzung von grobem Düngematerial erst mit der Zeit durch Mikroorganismen und Bodenlebewesen, sie wirken somit über längere Zeit. Langzeitdünger sind so konzipiert, dass sie mit der Pflanzung in den Boden eingearbeitet werden und auch der vorgedüngten Pflanzenerde nicht in die Quere kommen. Sie führen in der Regel nicht zu einer Überdüngung, da die Nährstoffe erst nach und nach abgegeben werden.

ZITAT DES TAGES

WARUM DENN
WARTEN VON
TAG ZU TAG?

ES BLÜHT IM
GARTEN, WAS
BLÜHEN MAG.

– Klaus Groth –

VOGELFUTTERSTELLE
aus Apfelkiste

Damit die Vögel ganz einfach an Futter kommen, kannst du ihnen eine attraktive Futterstelle bauen. Da zwitschert es im Frühling, Sommer, Herbst und Winter in deinem Garten umso mehr.

MATERIAL

> Apfelkiste
> Leim (optional)
> ca. 20 kleine Schrauben

> 1 Schraubhaken
> Bleistift und z. B. Konservendose

> Draht
> Flasche
> Vogelfutter

> Stichsäge
> Kneifzange
> Schraubenzieher

SO GEHT'S

1 Die Leisten der Apfelkiste sind an den Seiten jeweils an die Eckpfosten genagelt und getackert. Diese Nägel und Krampen sägst du mit der Stichsäge zwischen Leiste und Pfosten durch. Die Bretter bleiben somit ganz! Mit dieser Methode löst du alle Seitenbretter von der Kiste ab. Entferne die Reste der Nägel und Krampen mit der Zange.

2 Nimm zunächst zwei der Bretter von der Griffseite. Bei den meisten Apfelkisten sind diese etwas dicker, als die Bretter der Längsseiten. Lege sie nebeneinander, sie ergeben später die Rückwand. Nimm zwei der Kanthölzer aus den Ecken der ehemaligen Kiste und säge sie so zurecht, dass sie genauso lang sind, wie die Rückwand breit ist.

3 Schraube eines der beiden Kanthölzer oben an die Rückwand bündig zur Oberkante. Eine Fläche des Kantholzes liegt an der Rückwand an, die andere zeigt nach oben. In diese Fläche drehst du nun mittig einen Haken zur Aufhängung hinein. Das zweite Kantholz schraubst du unten auf die Vorderseite der Rückwand, wobei eine Seite des Kantholzes flach an der Rückwand anliegt, die andere zeigt nach oben. Hier wird später der Futtertrog aufgesetzt.

4 Aus den verbliebenen Latten der Griffseite sägst du jetzt vier gleich lange Teile heraus. Die Teile sollen alle so lang sein, wie zwei Bretter nebeneinander breit sind. Lege nun zwei der zurechtgesägten Bretter nebenein-

ander und zeichne einen Kreis ein. Der Kreis sollte auf einer Achse mittig und auf der anderen relativ nah am Rand des Rechtecks liegen. Säge mit der Stichsäge an der Linie entlang. Dann schraubst du die Bretter mit Kreis auf die beiden anderen zurechtgesägten Bretter. Achte darauf, dass sich die Ritzen der Bretterpaare überkreuzen. Das Ergebnis setzt du auf das untere Kantholz der Rückwand auf und schraubst es dort fest.

5 Jetzt bohrst du vier kleine Löcher in die Rückwand. Durch sie fädelst du einen Draht, den du hinter der Rückwand verzwirbelst. Dadurch wird die Flasche gehalten. Achte beim Bohren der Löcher darauf, dass der untere Draht unbedingt auf Höhe der Stelle des Flaschenhalses sein muss, an der die Flasche dicker wird. So kann die Flasche nicht nach unten rutschen. Die nach unten zeigende Öffnung darf nicht auf dem Trog aufsitzen, sondern muss etwa einen Fingerbreit Luft haben, damit das Futter nachrutschen kann.

ZITAT DES TAGES

DAS SCHICKSAL
GEHT MIT UNS WIE
MIT PFLANZEN UM.
ES MACHT UNS
DURCH KURZE
FRÖSTE REIFER.

– Jean Paul –

11

BELEUCHTETES
Pflanzenregal

Ein Badezimmer-Regal lässt sich im Handumdrehen zu einem beleuchteten Zuhause für deine Pflanzen verwandeln. Damit kannst du deinen Jungpflanzen perfekte Bedingungen zum Wachsen bieten.

MATERIAL

> Badezimmer-Regal aus Metall

> LED-Unterbau-lampen

> ggf. Verlängerungs-kabel

> ggf. Mehrfachsteck-dose

SO GEHT'S

1 Auf geht es ins Möbelhaus! Dort wartet das perfekte Pflanzenregal auf dich. Allerdings findest du es in der Badezimmer-Abteilung. Hier gibt es günstige Regale, die alle Voraussetzungen für ein Pflanzenregal erfüllen.

2 Nun brauchst du noch Lampen: entweder Leuchtstoffröhren oder LED's. Bestelle 3–4 Unterbauleuchten. Beachte dabei das richtige Lichtspektrum: Pflanzen brauchen für die Photosynthese Lichtquellen, die ein ausgewogenes Verhältnis von blauem und rotem Licht erzeugen. Die Leuchten sind meist selbstklebend. Wenn das nicht der Fall ist, kommt noch eine Rolle doppelseitiges Klebeband in euren Warenkorb.

3 Baue das Regal nach Anleitung auf und suche dir einen geeigneten Platz dafür aus, am besten in der Nähe eines Stromanschlusses. Bringe die Lampen jeweils mittig unten am Regalboden an. Pflanzen darunter stellen – fertig!

ZITAT DES TAGES

DER GARTEN
IST EINE
KUNSTNATUR

– Robert Musil –

12

KRÄUTERSCHÄTZE
im Winter

Anleser: Im Dezember kannst du von mehrjährigen Kräutern zehren, die du auf deiner Fensterbank überwintern und weiterhin ernten kannst. Wofür bestimmte Kräuter gut sind, liest du hier.

SO ALT WIE DIE MENSCHHEIT

Seit es Menschen gibt, werden Kräuter genutzt. Anfangs waren diese ein wichtiger Bestandteil der täglichen Nahrung, bei deren Verzehr die Menschen vielfältige Erfahrungen sammelten. In einem Prozess, der sich Zehntausende, wenn nicht sogar Hunderttausende von Jahren erstreckte, stellten sie fest, dass es ihnen nach dem Verzehr bestimmter Kräuter gesundheitlich besser ging. Diese Erfahrungen wurden mündlich von Generation zu Generation weitergegeben.

KRÄUTER IN DER MEDIZIN

In den letzten hundert bis hundertfünfzig Jahren gelang es der Wissenschaft, zahlreiche biochemische Substanzen, welche in Pflanzen enthalten sind, exakt zu analysieren und gleichzeitig deren Bedeutung für den menschlichen Körper zu ermitteln. Man stellte beispielsweise fest, dass bestimmte Pflanzen reichlich Vitamin C enthalten, welches einen lebensnotwendigen Bestandteil für die Gesundheit und Leistungsfähigkeit des menschlichen Körpers darstellt. Aufgrund dieser Erkenntnisse begannen viele Menschen, die Vorzüge von Kräutern noch intensiver als früher in der Küche und der Hausmedizin zu nutzen.

In den letzten 20 bis 30 Jahren stieg auch das Interesse an Naturkosmetik. Grund dafür ist, dass die Produkte entweder keine oder nur sehr wenige chemische Stoffe enthalten.

BRUNNENKRESSE

> *mehrjährig*
> *mittlerer Nährstoffbedarf*
> *mittlere Wuchsintensität*
> ***Standort:*** *extrem feucht*
> ***Erntezeit:*** *ganzjährig*
> ***Besonderheiten:*** *Die Brunnenkresse ist eine ganzjährig ausdauernde Pflanze mit hohem Vitamin C- sowie Jod- Gehalt, welcher für die Schilddrüse wichtig ist. Geerntet werden die Blätter, die einen bitter-scharfen Geschmack haben, der etwas an Senf erinnert. Dieses Kraut eignet sich nicht zum Trocknen, da neben dem Aroma extrem viele wertvolle Wirkstoffe reduziert werden.*
> ***Verwendung:*** *In Salaten und Kräuterquark*

MEERRETTICH

> *mehrjährig*
> *hoher Nährstoffbedarf*
> *hohe Wuchsintensität*
> ***Standort:*** *sonnig und sehr feucht; oft auf feuchten Wiesen und an Gewässerufern anzutreffen*
> ***Erntezeit:*** *September–April*
> ***Besonderheiten:*** *Meerrettich, auch als Kren bezeichnet, stammt aus Westasien und Südrussland. Als Gartenkultur neigt er zum Verwildern und ist deshalb oft auf feuchten Wiesen und an Gewässerufern anzutreffen.*
> ***Verwendung:*** *Wurzel kann feingeraspelt als Kompressen, in Scheiben geschnitten gegen Insektenstiche dienen. Mit Honig vermischt wirkt es gegen hartnäckigen Husten. Zum Essen in Fleisch- und Fischgerichten, Soßen, Dips und als Sahnemeerrettich.*

GEWÜRZLORBEER

> *mehrjährig*
> *geringer bis mittlerer Nährstoffbedarf*
> *mittlere bis hohe Wuchsintensität*
> ***Standort:*** *sonnig, schwach feucht*
> ***Erntezeit:*** *ganzjährig*
> ***Besonderheiten:*** *Kommt in freier Natur in Vorderasien und im Mittelmeerraum vor. Aufgrund ihrer unzureichenden Winterhärte lassen sich Lorbeerpflanzen in den meisten Regionen Deutschlands nur in großen Kübeln kultivieren.*
> ***Verwendung:*** *Aus den Früchten Ölauszug zum Einreiben; Blätter (frisch und getrocknet) für deftige Fleisch- und Fischgerichte sowie Marinaden*

ZITAT DES TAGES

WER

BLUMEN

LIEBT,

HAT AUCH

PHANTASIE.

– Aus China –

KOKEDAMA
Deko-Trend aus Japan

Der lustige Name steht für „Moosball" und verrät
somit auch gleich den Hauptbestandteil dieser Pflanzidee. In Japan ist
er aufgrund seiner ausgefallenen, dekorativen Form sehr beliebt.

MATERIAL

> Erde
> Schüssel

> Wasser
> Einweghandschuhe

> kleine Zimmerpflanze
> Moos

> Basteldraht oder
> Schnur

SO GEHT'S

1 Gib 2 bis 3 Hände voll Blumenerde in eine Schüssel. Nun noch 1 Glas Wasser hinzufügen und alles gut vermischen. Wer keine schmutzigen Hände bekommen möchte, macht das mit den Handschuhen.

2 Hol die Pflanze aus dem Topf und befreie die Wurzeln so gut es geht von Erde.

3 Forme aus der nassen Erde eine Kugel. Die Erde gut zusammendrücken und überschüssige Feuchtigkeit auspressen.

4 Mache in die Erdkugel ein Loch, in das du deine Pflanze setzen kannst. Bessere deine Kugel ggf. nochmal mit Erde aus.

5 Breite etwas von dem Moos aus und lege die Kugel darauf. Nun Stück für Stück die Kugel mit Moos bedecken. Drücke es leicht an der feuchten Erde fest.

6 Umwickele die Kugel mit einem Basteldraht oder einer schönen Schnur, sodass das Moos nicht herunterfällt. Je nachdem, wie viel Feuchtigkeit die Pflanze braucht, solltest du regelmäßiges Gießen nicht vergessen. Dazu die Kugel in Wasser tauchen oder mit einem Wassersprüher bestäuben.

ZITAT DES TAGES

WIE DER
GÄRTNER,
SO DER
GARTEN.

– Hebräisches Sprichwort –

EISLATERNEN
für draußen

Diese Eislaternen sind zu 100 % nachhaltig und eine ganz besondere Deko für den Balkon, den Eingangsbereich vor der Haustür oder als originelle Lichtquellen für ein gemütliches Glühweintrinken mit den Nachbarn.

MATERIAL

> 2 verschieden große Plastikschalen
> Grünzeug (Tannennadeln, Beeren o.Ä.)
> Klebeband

SO GEHT'S

1 Zunächst stellst du die zwei verschieden großen Plastikschalen ineinander. Fülle dann die Größere mit den gesammelten Naturmaterialien und Wasser.

2 Beschwere die kleinere Schale oder fixiere sie mit Klebeband.

3 Dann einfach über Nacht ins Eisfach stellen und schon kann die gefrorene Form, befüllt mit einem Teelicht, zur Lichtquelle werden.

TIPP

Natürlich hat man bei unseren milden Wintern nicht allzu lange etwas von den Eislaternen, aber einen Abend lang halten sie gewiss auch bei Temperaturen über null durch!

ZITAT DES TAGES

DIE BLUMEN
DES FRÜHLINGS
SIND DIE
TRÄUME DES
WINTERS.

– Khalil Gibran –

MIT KRÄUTERN
durchs Jahr

Bist du schon im Besitz von Kräutern oder willst es noch werden? Dann kannst du dich hier informieren, was im Verlauf des Jahres zu tun ist.

FRÜHLING

SAISONSTART

Befreie Anfang März die mehrjährigen Kräuter vom Winterschutz und schneide sie zurück. Mische das Substrat in größeren Gefäßen mit frischer Erde und Kompost.

AUSSAAT

Anfang April können u. a. **Schnittlauch, Petersilie, Ringelblumen und Kapuzinerkresse** direkt im Freien im Kasten oder Topf ausgesät werden. **Basilikum** ziehst du am besten drinnen auf der Fensterbank vor.

PFLANZEN TEILEN

Estragon, Minze oder Zitronenmelisse werden im Topf oder Balkonkasten schnell groß. Teile sie zwischen April und Mai. So schaffst du neuen Platz und gewinnst gleichzeitig ein schönes Mitbringsel für Freunde.

SOMMER

HEGEN UND PFLEGEN

Das Entfernen von braunen Blättern, Stängeln und welken Blüten hilft den Pflanzen, die Energie in neue Triebe zu stecken. Willst du allerdings eigene Samen ernten, lass die Blüten bis zum Ende der Saison stehen.

GIESSEN UND DÜNGEN

Die Kräuterkästen sollten nie komplett austrocknen. Verwöhne **Basilikum, Schnittlauch und Petersilie** alle drei Wochen mit Flüssigdünger. **Mediterrane Kräuter** düngt man nur alle sechs Wochen.

HOCHSAISON

Im Juni ist der Kräuterkasten in Topform! Ernte bei **Minze, Zitronenmelisse und Estragon** ganze Zweige, dann wird der Ertrag gesteigert und die Blütenbildung verzögert.

VORRAT ANLEGEN

Minze, Zitronenverbene, Thymian, Salbei, Kamille und Lavendel sind zum Trocknen gut geeignet. Lagere sie dunkel und luftdicht, sodass du im Winter mit eigenen Tee- und Gewürzvorräten versorgt bist.

VERMEHRUNG

Salbei, Rosmarin und Lavendel lassen sich ab dem Spätsommer durch Stecklinge vermehren. Schneide dazu die Triebspitzen vor der Blüte etwa 7 bis 10 cm lang ab. Entferne die unteren Blätter und stecke diese in Anzuchterde.

HERBST

SAMEN SAMMELN

Wenn du in der nächsten Saison wieder **Kapuzinerkresse oder Schnittlauch** pflanzen möchtest, kannst du dazu Samen deiner eigenen Pflanzen verwenden – vorausgesetzt, du hast samenfestes Saatgut verwendet und die Pflanzen nicht zurückgeschnitten.

TIME TO SAY GOODBYE!

Ab August können einjährige verblühte Pflanzen gejätet werden. Die Gefäße bleiben, denn du kannst den Platz nutzen, um z. B. Wintersalate zu pflanzen.

WINTER

ÜBERWINTERN

Mehrjährige Kräuterstauden überwintern in ihrem Wurzelstock und werden einige Zentimeter über der Erde zurückgeschnitten. **Rosmarin, Salbei und Lavendel** bekommen erst im Frühjahr einen Rückschnitt. Sie sollten zum Kälteschutz zusätzlich mit Vlies abgedeckt werden.

HEREINSPAZIERT!

Wenn die Temperaturen unter 10 °C fallen, ist der Zeitpunkt gekommen, um die nicht winterharten, mehrjährigen Kräuter in ihrem Winterquartier unterzubringen. Im Winterquartier müssen die Pflanzen in den kommenden Monaten regelmäßig auf Schädlinge geprüft und leicht gegossen werden.

VORFREUDE GENIESSEN

In den kalten Monaten lässt sich wunderbar die neue Saison planen: Die Zeit kannst du dir mit dem Blättern in Saatgutkatalogen, dem Aufstöbern neuer Töpfe und Gefäße, aber vor allem dem Sortieren des vorhandenen Saatguts vertreiben. Dann steht sicher schon bald der Frühling vor der Tür!

ZITAT DES TAGES

GARDENING IS THE PUREST OF HUMAN PLEASURES.

– Francis Bacon –

16

KÜHLSCHRANK-
Magnet-Töpfe

Der Kühlschrank beinhaltet vor allem Leckeres zum Kochen und die Kühlschranktür ist ein beliebter Platz für Fotos, Karten und Erinnerungen. Ab nun dient die Außenseite auch als Garten!

MATERIAL

> leere Konserven-
>   dosen

> Scheibenmagnete
> Heißklebepistole

> Tongranulat
> Erde

> Kräuter & Salat

SO GEHT'S

1 Reinige zunächst die Dosen und entferne das Etikett. Klebe mit der Heißklebepistole pro Dose zwei Scheibenmagnete an die Innenseite: einen oben, einen unten.

2 Gib etwas Tongranulat als Drainage in die Dose und schichte dann Erde darauf. Nun kannst du die Pflanze einsetzen und mit Erde auffüllen. Angießen nicht vergessen!

3 Und schon können die Dosen an den Kühlschrank! So ist der Weg zu Kräutern und Salaten nicht weit.

ZITAT DES TAGES

IM WINTER
WERDEN
DIE SAUREN
ÄPFEL SÜß.

– Aus Rumänien –

17

GEMÜSESCHÄTZE
im Winter

*Zahlreiche Salate, Wurzel- und Blattgemüse
sowie allen voran viele Vertreter der Kohlfamilie bieten uns ein vielfältiges Angebot an Wintergemüse.*

Frostfesten Pflanzen machen eisige Temperaturen nichts aus. Bei manchen Arten, wie dem Grünkohl, ist Frost sogar gut für die Geschmacksentwicklung. Dennoch sollte man auch frostfeste Sorten nur ernten, wenn die Blätter nicht vereist sind. Warte mit der Ernte also, bis die Temperaturen tagsüber etwas gestiegen sind.

FROSTHARTE GEMÜSESORTEN:

Blattgemüse:
• Asia-Salat
• Endivie
• Feldsalat
• Spinat
• Winterkresse
• Winterportulak
• Wintersalat

Kohlgemüse:
• Grün-, Feder-, Palmkohl
• Rosenkohl
• Rotkohl oder Weißkohl
• Wirsing

Wurzelgemüse:
• Lauch
• Pastinake
• Topinambur
• Schwarzwurzel
• Steckrübe

Leichte Fröste halten Chinakohl, Herbstrüben, Knoblauch, Kohlrabi, Mangold, späte Möhren, Rote Bete, Sellerie, Winterrettich und Winterzwiebeln aus. Bei hartnäckiger Kälte fühlen sich diese Arten im Schutz des Frühbeetes oder unter Vlies wohl.

KOPF- UND ROSENKOHL

Kohl, dessen Blätter einen mehr oder weniger festen Kopf bilden, wird als Kopfkohl bezeichnet. Dazu gehören Weiß- und Rotkohl sowie Wirsing. Diese sind eng mit anderen Kohl-Varietäten wie Grünkohl, Palmkohl, Brokkoli und Blumenkohl sowie Kohlrabi verwandt. Rosenkohl, der ebenfalls zur nahen Verwandtschaft gehört, ist vermutlich aus Kreuzungen unterschiedlicher Kopfkohle entstanden.

> **Aussaat:** *ab Februar bis Mitte Mai*
> **Keimdauer:** *6–10 Tage*
> **Keimtemperatur:** *15–20 °C*
> **Ernte:** *je nach Sorte 60–140 Tage nach Aussaat*
> **Zu beachten:** *Kohlschädlinge*

VITAMINBOMBE KOHL

Heute ist der gesundheitliche Wert von Kohl nachgewiesen, und man weiß, dass z. B. Wirsing mehr Vitamin C enthält als Orangen und eine Portion Weißkohl neben anderen wichtigen Mineralstoffen den Tagesbedarf an Selen deckt. Kohl ist daher vor allem im Winter ein wichtiger Bestandteil gesunder und ausgewogener Ernährung.

FELDSALAT

Bekanntester Vertreter winterlicher Salatpflanzen ist Feldsalat, auch Rapunzel, Acker-, Vogerl- oder Nüsslisalat genannt. Er ist nicht mit Gartensalat verwandt, sondern gehört zur Familie der Baldriangewächse. Feldsalat ist mit seinem hohen Carotin- und Vitamin-C-Gehalt sowie optimal verfügbarem Eisen und anderen Mineralstoffen eine ideale Ergänzung zu den herkömmlichen Wintersalaten.

> **Aussaat:** *März bis April und August bis September*
> **Keimdauer:** *6–10 Tage*
> **Keimtemperatur:** *ab 15–20 °C*
> **Ernte:** *je nach Art und Witterung 4–12 Wochen nach der Aussaat*
> **Zu beachten:** *regelmäßige, großzügige Wassergaben*

ZITAT DES TAGES

DIE PRACHT
DER GÄRTEN
HAT STETS
DIE LIEBE ZUR
NATUR ZUR
VORAUSSET-
ZUNG.

– Unbekannt –

18

TANNENÖL
für trockene Haut

Ein wunderbares Öl, das die trockene Winterhaut zart umhüllt und herrlich nach Wald riechen lässt. Es belebt müde Muskeln und ist ideal nach dem Sport! Olivenöl ist ein hervorragendes Auszugsöl, da es Wirkstoffe gut aus Pflanzen ziehen kann.

MATERIAL

> Flasche mit 200 ml Volumen
> 6 kleine Tannenzweige
> 100 ml Olivenöl
> 15 Wacholderbeeren
> 100 ml ungeröstetes Haselnussöl

SO GEHT'S

1 Für eine Flasche mit 200 ml gib Olivenöl, Tannenzweige und Wacholderbeeren in eine hitzefeste Schüssel und erwärme die Mischung im Wasserbad für 30 Minuten. Rühre immer wieder um und überprüfe die Wassermenge im Topf.

2 Schalte die Herdplatte nach 30 Minuten ab und lass Zweige und Beeren zugedeckt über Nacht (etwa 12 Stunden) im Öl ziehen. Lege ein Stück Küchenpapier zwischen Schüssel und Deckel, um die Feuchtigkeit zu binden.

3 Filtere Zweige und Beeren mithilfe eines Papierteefilters ab. Gib nach und nach das Haselnussöl dazu, rühre alles um und fülle das zauberhaft duftende Öl in eine schöne Flasche.

4 Schließe kurz die Augen und genieße das wunderbare Aroma. Das Öl ist geeignet für alle Hauttypen, speziell für trockene Haut. Haltbar ist es ein Jahr lang.

VARIANTE

Weihnachtsöl:
5 kleine Tannenzweige,
1 Zimtstange,
1 EL Kardamomsamen,
½ TL Gewürznelken

ZITAT DES TAGES

DIE
ERINNERUNGEN
SIND
GEPRESSTE
BLUMEN
IM BUCHE
UNSERES LEBENS.

– Peter Sirius –

19

WEIHNACHTLICHER
Türkranz

MATERIAL

> Gartenschere
> Juteschnur
> Kranzbasis aus Weinranken, etwa 35 cm Ø

> Papierummantelter Bindedraht, dünn
> Seitenschneider
> Weinranken, 2–5 Zweige

> Eukalyptus, groß-blättrig, 1 Stiel
> Hortensienblüte, getrocknet
> 1 Kiefernzweig

> Olive, 1 Zweig
> Pfefferbeere, 1 Zweig
> Tillandsie, 1 Handvoll

SO GEHT'S

1 Fertige zunächst die Kranzbasis an. Binde dafür ein paar Weinranken-Zweige mit dem Papierbindedraht zusammen. Den Draht fest verknillen und anschließend mit dem Seitenschneider abzwicken. Jetzt formst du einen Kranz, indem du die Zweige 2 bis 3 Mal umeinanderwindest. Durch ihre Eigenspannung hält die runde Form, aber wenn nötig, kannst du sie an einer Stelle nochmals mit einem Stückchen Draht fixieren.

2 Lege den Olivenzweig in die Kranzrundung und drahte ihn an zwei Stellen an die Kranzbasis. Den Kiefernzweig steckst du in den Kranz und drahtest ihn zusätzlich oben an unauffälliger Stelle an. Als Nächstes wird die Hortensienblüte dazugesteckt. Auch hier gilt: nur drahten, wenn unbedingt nötig, bei der Hortensie am besten gleich am Stielansatz. Arbeite behutsam, damit die trockene Blume nicht zu viele Blüten verliert.

3 Auf der gegenüberliegenden Seite legst du den Eukalyptusstiel in die Biegung des Kranzes und drahtest ihn oben und unten an. Den kleineren Seitenzweig des Eukalyptus bindest du anschließend auch noch dazu, er darf ruhig etwas abstehen. Unterhalb des Eukalyptus steckst du den Pfefferbeeren-zweig in den Basiskranz. Vorsichtig, und nur wenn nötig im unteren Bereich fixieren, denn er ist sehr zerbrechlich. Nun die Tillandsie einmal um die Kranzbasis wickeln, damit die Stiele von Pfefferbeere und Hortensie verdeckt werden. Ihre wilden Verästelungen bleiben von ganz alleine haften.

4 Jetzt musst du nur noch die Juteschnur durch den Kranz ziehen und kannst ihn dann an deine Tür hängen. Oder einem lieben Menschen schenken.

ZITAT DES TAGES

DIE
SCHÖNSTEN
BLUMEN
BLÜHEN
OFT IM
VERBORGENEN.

– Fernöstliche Weisheit –

20

SEEDBOMBS
zum Verschenken

Samenbomben sind ein schönes, grünes Weihnachtsgeschenk.
Die zeigen der Winterdepression die
Rote Karte und machen richtig Lust auf den Frühling!

MATERIAL

> 1 Teil Saatgut
> 5 Teile gute
>   Blumenerde

> 3 Teile Tonerde
>   (Lehmpulver /
>   Bentonit / aus
>   Bentonit hergestell-
>   tes Katzenstreu)

> 1 Teil Wasser
> 1 Behälter zum An-
>   rühren der Zutaten

> 1 Unterlage
>   zum Trocknen der
>   Seedbombs
> 1 abwischbare
>   Tischdecke

SO GEHT'S

1 Zunächst einmal musst du die Erde in eine Schüssel sieben (es sollte keine Klümpchen mehr geben). Füge dann das Tonpulver hinzu und vermische beides gut mit den Händen.

2 Gib nun langsam Wasser hinzu, bis eine zähe Masse entsteht, die sich gut formen lässt. Ist der Teig zu wässrig? Dann gib einfach noch ein bisschen Erde hinzu, bis die Konsistenz knetbar ist.

3 Jetzt geht´s ans Rollen! Damit der Teig nicht austrocknet, solltest du zügig das Saatgut unterheben und den Teig zu kleinen Kugeln rollen. Die Kugeln dürfen nicht größer als

eine Walnuss sein, da sie sonst keimen, bevor sie durchgetrocknet sind.

4 Lege die Seedbombs anschließend zum Trocknen auf einer alten Zeitung aus und lasse sie dort 1 bis 2 Tage trocknen.

5 Bei der Verpackung kannst du selbst kreativ werden: Wie wäre es mit kugelrunden „Bonbons" unterm Weihnachtsbaum?

ZITAT DES TAGES

BEIM
MALEN VON
BLUMEN
KOMMT MEIN
GEIST ZUR
RUHE.

– Auguste Renoir –

21

DAS
Frühlingsbeet

Als fleißiger Gärtner planst du bestimmt schon deine ersten Beete. So kannst du ohne groß nachzudenken im Frühjahr die ersten Saaten vorziehen. Falls du zur Zeit noch unschlüssig bist, was du als erstes ansäen möchtest, findest du hier einen Pflanzplan zur Inspiration.

PRINZIP DES BEETS

In diesem Beetplan ist die Hauptkultur im Frühling erntereif. Hauptkultur wird sie genannt, weil sie in aller Regel das Beet am längsten beansprucht. Die Sorten der Hauptkultur werden im März ins Beet gesetzt oder direkt ausgesät, und das erste Gemüse kannst du wenige Wochen später ernten. Alle anderen Sorten sind Kulturen, durch die du dein Beet auch in den Monaten davor und danach bepflanzen kannst. Entstehende Lücken können wunderbar mit Pflück- und Schnittsalat, Kresse und in der kalten Jahreszeit Asia- oder Feldsalat gefüllt werden.

FRÜHLINGSBEET
(März bis Mai)

> **Vorkultur:** *Radieschen und Pflücksalat*
> **Hauptkultur:** *Kohlrabi, Eichblattsalat und Spinat*
> **Nachkultur:** *Mangold und Zucchini*

Die Beete sind jeweils in der Größe 200 x 100 cm geplant. Passe einfach die Reihen und Anzahl der Pflanzen der Größe deines Beets an.

Als Vorkultur säst du möglichst früh im Jahr **Radieschen und Pflücksalat**. Unter dem Frühbeetkasten oder im Gewächshaus geht es damit schon im Januar oder Februar los.

Gleichzeitig werden **Kohlrabi und Eich-blattsalat** in Anzuchtgefäßen vorgezogen. Allerdings unter dem wärmenden Dach, da es zu Jahresbeginn draußen einfach noch zu eisig ist. Die Jungpflanzen kommen im März ins Beet, wenn die ersten Radieschen und der Pflücksalat geerntet sind. **Spinat** wird ab März direkt ins Beet in eine Reihe von 20 cm gesät. Für **Kohlrabi** planst du

pro Reihe etwa 40 cm ein, für Eichblattsalat 25–30 cm.

Wenn deine Hauptkultur abgeerntet ist, kannst du ab August **Mangold und Zucchini** entweder direkt säen, oder du setzt vorge-zogene Pflanzen in dein Beet. Eine Zucchini-pflanze wird bei dieser Beetgröße ausrei-chen. Mangold benötigt je Pflanze einen Platz von etwa 30 x 30 cm.

Im Herbst folgt Asia- oder Feldsalat.

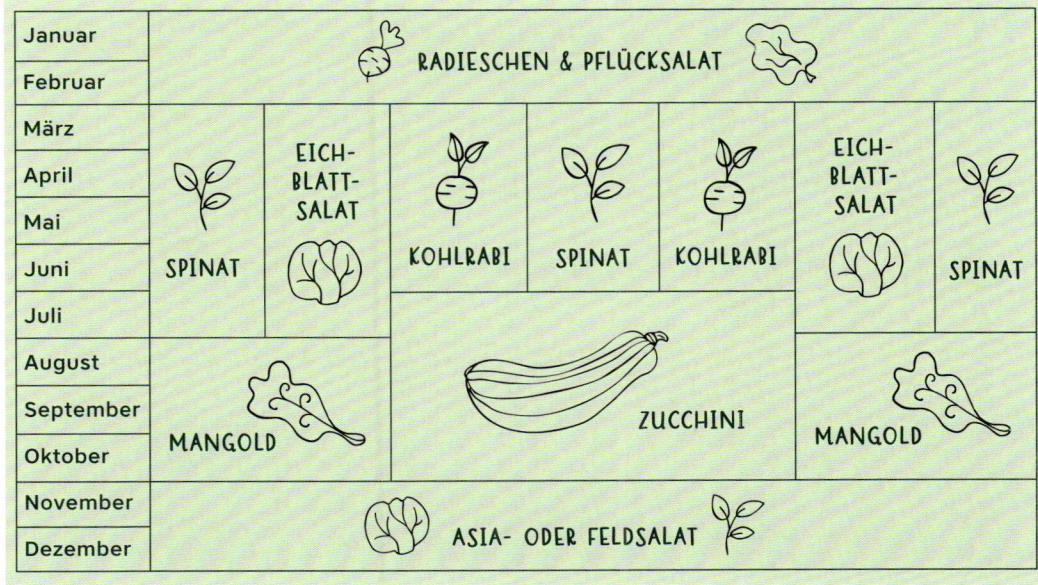

ZITAT DES TAGES

VIEL

SCHNEE

BRINGT

REICHE

ERNTE.

– Bauernweisheit –

22

BETON-
buchstaben

Manche Worte wiegen schwer …
Dieses hier auf jeden Fall, denn es ist aus Beton! Lass deiner Fantasie
freien Lauf und forme Buchstaben, die als Geschenk andere Gärten
oder deinen eigenen mit Poesie dekorieren!

MATERIAL

> Schnell-Estrich
> Wasser

> Holzstab
> Rührschüssel

> Pappbuchstaben, ca. 15 cm hoch
> Cutter

> Malerkrepp
> Vaseline

SO GEHT'S

1 Lege den Pappbuchstaben spiegelverkehrt vor dich und ritze vorsichtig von oben, dicht entlang des Rands, den Deckel mit dem Cutter ein.

2 Entferne zuerst den Pappdeckel und dann die „Innereien" des Buchstabens.

3 Eventuelle Löcher oder Ritzen in der Buchstabenaußenwand überklebst du mit Malerkrepp, damit kein Beton ausfließen kann.

4 Dann streichst du alle Innenwände und den Boden ordentlich mit Vaseline ein (dafür kann man wunderbar die Finger benutzen).

5 Jetzt musst du die Form nur noch mit dem nach Packungsanweisung angerührten Beton füllen und warten, bis dieser ausgehärtet ist.

6 Nun kannst du den Buchstaben ausschalen und im Garten aufstellen.

1

4

5

TIPP

Betonbuchstaben geben auch ein prima Geschenk ab! Probiere es doch einmal mit Initialen und einem „&"-Zeichen für ein frisch vermähltes Hochzeitspaar!

GARTEN

ZITAT DES TAGES

WER BÄUME
PFLANZT,
LIEBT SICH
UND ANDERE.

– Aus England –

23

MAKRAMEE-
Blumenampel

Vielleicht kennen einige von euch diese Blumenampel noch aus den 70ern. Nun ist der Klassiker zurück und wird mit Textilgarn zum modernen Hingucker in jeder Wohnung!

MATERIAL

> Textilgarn
> Schere

> Meterstab
> Holzring

> Holzperlen
> Nadel

> Blumentopf

SO GEHT'S

1 Schneide vier Schnüre mit einer Länge von jeweils 3 m ab.

2 Ziehe die Schnüre durch den Holzring, jeweils bis zur Hälfte. Der Ring liegt dann in der Mitte und die Schnüre hängen daran doppelt herunter. Am Ring wird die Ampel später aufgehängt.

3 Binde die Schnüre unterhalb des Rings mit einem Stück Textilgarn fest zusammen. So befestigst du den Ring. Verstecke die Knotenenden gut unter dem Garn.

4 Fädele die Holzperlen mithilfe der Nadel immer auf zwei nebeneinander liegende Schnüre auf.

5 Verknote nun die beiden Schnüre immer unterhalb der Holzkugeln miteinander, sodass diese nicht mehr nach unten herausrutschen können.

6 Jetzt werden die parallel zueinander liegenden Schnüre verknotet. Das bedeutet, du beginnst mit der zweiten und dritten Schnur und machst einige Zentimeter unter den Holzkugeln einen Knoten. Dann gehts weiter mit Schnur vier und fünf sowie sechs und sieben. Zum Schluss knüpfst du die jeweils äußerste Schnur von der rechten und der linken Seite zusammen.

7 Platziere den Topf in dem Netz. Mache unterhalb des Topfes einen Knoten mit allen Schnüren, damit er nicht mehr herausrutschen kann. Schneide die Schnüre zum Schluss auf eine Länge ab, damit eine schöne Quaste entsteht. Nun kannst du die Ampel aufhängen – fertig!

Schau während des Knotens immer mal wieder, ob der Topf auch gut in das Netz passt oder ob die Abstände zu groß sind.

TIPP

ZITAT DES TAGES

BLUMEN SIND
DIE SCHÖNEN
WORTE UND
HIEROGLYPHEN
DER NATUR,
MIT DENEN SIE
UNS ANDEUTET,
WIE LIEB SIE
UNS HAT.

– Johann Wolfgang von Goethe –

WINDLICHTER
aus alten Dosen

*Du hattest einen stressigen Tag und auf den Tisch kam leider
nur eine Dose mit irgendwas in Tomatensauce?
Kein Grund für ein allzu schlechtes Gewissen, denn wir zeigen dir,
welch tolle Windlichter du aus dem vermeintlichen
Abfall zaubern kannst.*

MATERIAL

> ein paar Konserven-
> dosen
> Holzlatte

> 1 Nagel
> Sprühlacke in ver-
> schiedenen Farben

> Hammer (alternativ:
> Lochstanzer oder
> Blechlocher)

> ggf. Filzstift

SO GEHT'S

1 Reinige die Dosen sorgfältig und entferne
alle Etiketten und Kleberrückstände.

2 Mit Hammer und Nagel stanzt du nun Löcher
in die Dosen, damit das Kerzenlicht schön
durchschimmern kann. Am besten nimmst du
dafür eine Holzlatte zu Hilfe (Bild 2). Wie
groß die Löcher sind, kannst du selbst entscheiden. Es gibt unzählige Möglichkeiten,
Formen, Muster oder Gebilde in die Dosen-
wand hineinzustanzen. Alternativ kannst
du auch einen Lochstanzer verwenden. Für
komplizierte Muster kannst du dir auch eine
Vorlage mittels Filzstift vorzeichnen.

3 Jetzt sprühst du deine Dose bzw. deine
Dosen an, wie du lustig bist. Ganz egal, ob
einfarbig oder bunt, ob gestreift oder ge-
mustert. Klar, dass der Lack anschließend
ein paar Stunden trocknen muss.

TIPP

Einen Lochstanzer bekommst du im Baumarkt schon für ein paar Euro. Wir würden ein solches Werkzeug jedenfalls empfehlen, damit die Löcher im Dosenblech nicht ausfransen und schön gleichmäßig groß sind.

IMPRESSUM

Bibliografische Information der Deutschen Bibliothek.

Die Deutsche Bibliothek verzeichnet diese Publikation in der Deutschen Nationalbibliografie.

Detaillierte bibliografische Daten sind im Internet über http://www.dnb.de/ abrufbar.

EIN BUCH DER EDITION MICHAEL FISCHER

1. Auflage 2021

© 2021 Edition Michael Fischer GmbH, Donnersbergstr. 7, 86859 Igling

Covergestaltung, Layout & Satz: Sonja Bauernfeind

Redaktion und Lektorat: Saskia Hauck

Illustrationen: © Ardea-studio / Shutterstock (Umschlag, S. 2, 3); © Marish / Shutterstock (Umschlag, Schmuckelemente Türchen, S. 1–3); © Maria Korikova / Shutterstock (S. 4–9, 15); © Tartila / Shutterstock (S. 5, 11, 14); © GoodStudio / Shutterstock (S. 5, 14, 15); © Ksenia Zvezdina / Shutterstock (S. 6, 8–13); © Magicon / Thenounprojekt (Lupe Gartenwissen).

Fotos: © Annie Spratt / Unsplash (VNS, S. 45, 53, 73, 97, 105); © Callum Wale / Unsplash (S. 17); © Wei Ling Khor (S. 19, 39, 91); © Matt Palmer / Unsplash (S. 21); © Markus Spiske / Unsplash (S. 25); © Johanna Rundel (S. 27, 103); © Ian Schneider / Unsplash (S. 29); © Gabriel Jimenez / Unsplash (S. 33); © Silvia Appel (S. 35, 59, 67, 79, 107); © Maddy Baker / Unsplash (S. 37); © Anthony Tran / Unsplash (S. 41); © Jens Wegener (S. 47); © Rob Wingate / Unsplash (S. 49); © David Jankowiak (S. 55, 111); © freestocks / Unsplash (S. 57); © Zane Lee / Unsplash (S. 61); © Heike Rau / Shutterstock (S. 63); © Irina Borsuchenko / Shutterstock (S. 63); © DSGNSR1 / Shutterstock (S. 63); © Galina N / Unsplash (S. 65); © Julia Kadel / Unsplash (S. 69); © Ina Mielkau (S. 71); © Kasia Gajek / Unsplash (S. 77); © Isabella Kramer / Unsplash (S. 81); © Stakon / Shutterstock (S. 83); © Landrausch / Shutterstock (S. 83); © Erwan Hesry / Unsplash (S. 85); © Dr. Christina Kraus (S. 87); © Ornella Binni / Unsplash (S. 89); © Joanna Kosinska / Unsplash (S. 93); © Miriam Doerr Martin Frommherz / Shutterstock (S. 95); © Aaron Burden / Unsplash (S. 101); © Micheile Henderson / Unsplash (S. 109).

Texte und Projekte: Nadja Buchczik (S. 4, 6–9, 14, 15, Türchen 15); Sandra Jägers (S. 5, 10–13, Türchen 4, 7, 9, 17, 21); Karin Heimberger-Preisler (Türchen 1, 6, 19); Holger Küppers, Tatjana Weber, Torge Kahl („Die Stadtgärtner") (Türchen 2, 10, 20, 24); Raphaela Winterhalter (Türchen 2); Johanna Rundel (Türchen 3); Silvia Appel (Türchen 5, 11, 13, 16, 23); Jonas Wegener und Hanne Wandrey (Türchen 8); Axel Gutjahr (Türchen 12); Ina Mielkau (Türchen 14); Annette Holländer (Türchen 17); Dr. Christina Kraus (Türchen 18); Katharina Pasternak (Türchen 22).

ISBN 978-3-7459-0748-3

Gedruckt bei Polygraf Print, Čapajevova 44, 08001 Prešov, Slowakei

www.emf-verlag.de

2

HOCHBEET
Crashkurs

Du möchtest dir für die nächste Gartensaison ein Hochbeet zulegen? Mit diesen Fakten kannst du es nochmal ganz genau unter die Lupe nehmen und dich mit den Vorteilen vertraut machen. Damit bist du bestens für die Planung deines rückenschonenden Gemüseanbaus gewappnet!

7 VORTEILE EINES HOCHBEETS

❋ 1. ES IST GUT FÜR DIE HALTUNG

Gärtnern kann ganz schön auf den Rücken gehen. Aber nicht beim Hochbeet! Zukünftig kannst du in aufrechter Haltung ganz bequem buddeln und graben.

❋ 2. ES FUNKTIONIERT ÜBERALL

Ein Hochbeet kann überall aufgebaut werden! Im Garten, auf dem Kiesweg, auf der Steinterrasse oder auch auf dem Balkon.

❋ 3. ES IST DEKORATIV

Zum Stil deines Gartens oder deiner Veranda passend ausgesucht, wird dein Hochbeet die Umgebung optisch aufwerten. Ragen die ersten Kräuter und Salatblätter über den Rand, wird es zum echten Hingucker und dient als Sichtschutz.

❋ 4. ES VERLÄNGERT DIE SAISON

Durch die verschiedenen Schichten im Inneren des Hochbeets stellt sich von ganz alleine der Prozess der Kompostierung ein. So entsteht Wärme im Beet. Weil diese „Heizung" den Pflanzen unabhängig von der Außentemperatur Wärme spendet, kannst du mit dem Gärtnern im Hochbeet schon im Vorfrühling beginnen und musst erst wieder im Winter damit aufhören!

❋ 5. ES SCHÜTZT VOR SCHÄDLINGEN

Allein durch die Höhe ist ein gewisser Schutz vor Schädlingen gegeben. Als zusätzliche Vorkehrungen gegen Wühlmäuse kannst du in den Boden des Hochbeets ein engmaschiges Drahtgeflecht legen. Ein sogenanntes Schneckenblech um den Rand des Hochbeets ist eine gute Lösung gegen Schnecken.

 6. ES ERHÖHT DEN ERTRAG

Mit einem Hochbeet schaffst du die perfekte Grundlage für eine reiche Ernte: Der Boden steckt voller wichtiger Nährstoffe, Wärme kann gut gespeichert werden und übermäßiges Regenwasser fließt problemlos ab.

7. ES IST GANZ UND GAR BIO

Weil du den Prozess von Beetvorbereitung über Anbau, Pflege und Düngung bis hin zur Ernte selbst in der Hand hast, kannst du dir immer sicher sein: Dein Gemüse ist durch und durch bio.

 ## STANDORT UND FÜLLUNG

Stelle das Hochbeet am besten mit der langen Seite in einer Nord-Süd-Ausrichtung auf. Dadurch bekommen alle Pflanzen gleichmäßig Licht.

Die verschiedenen Schichten erfüllen jede für sich eine wichtige Aufgabe. So erhalten die Pflanzen die richtige Nährstoffversorgung und es wird ein gutes Bodenklima gewährleistet. Als Faustregel gilt: Von unten nach oben werden die Schichten immer feiner.

Die unterste Schicht

Ganz unten kommen die gröbsten Gartenabfälle wie Äste, Zweige und grobe Holz häcksel ins Hochbeet. Diese ungefähr 30 cm dicke Schicht dient als Drainage, damit keine Staunässe entsteht.

Die zweite Schicht

Zur Abtrennung der Drainageschicht vom feineren Füllmaterial kommt nun eine dünne, ungefähr 5 cm dicke Trennschicht aus Rasenschnitt oder Grassoden ins Hochbeet.

Die dritte Schicht

Damit sich Wärme bildet, in denen sich Mikroorganismen wohlfühlen, fülle dein Hochbeet mit feuchtem Laub, Grünabfällen oder Stroh. Das Material sollte nicht zu nass sein, sonst besteht die Gefahr von Schimmelbildung.

Die vierte Schicht

Nun kommt Kompost ins Beet. Hier eignet sich auch Mist von Pferden oder Hühnern sehr gut, wobei dieser nicht frisch sein sollte. Gut abgestanden und mit wenig Stroh vermengt gibt es jedoch kaum etwas Besseres für unser Gemüse.

Die fünfte, oberste Schicht

Zum Schluss füllst du dein Hochbeet bis etwa 10 cm unter den Rand mit guter Pflanzenerde. Dann werden sich deine Gemüsepflänzchen rundum wohlfühlen.

ZITAT DES TAGES

IM GARTEN
DES LEBENS
IST HUMOR
DER BESTE
DÜNGER.

– Unbekannt –